新型コロナ・パンデミックの彼方に

虹色の未来みつめて

ジェンダー平等、ゴッホとアンネとミッフィーの国
素顔のオランダ

JN022922

西山とき子

Tokiko Nishiyama

かもがわ出版

虹色の未来みつめて

ジェンダー平等、ゴッホとアンネとミッフィーの国　素顔のオランダ

スケッチ＝西山とき子、写真＝西山勝夫

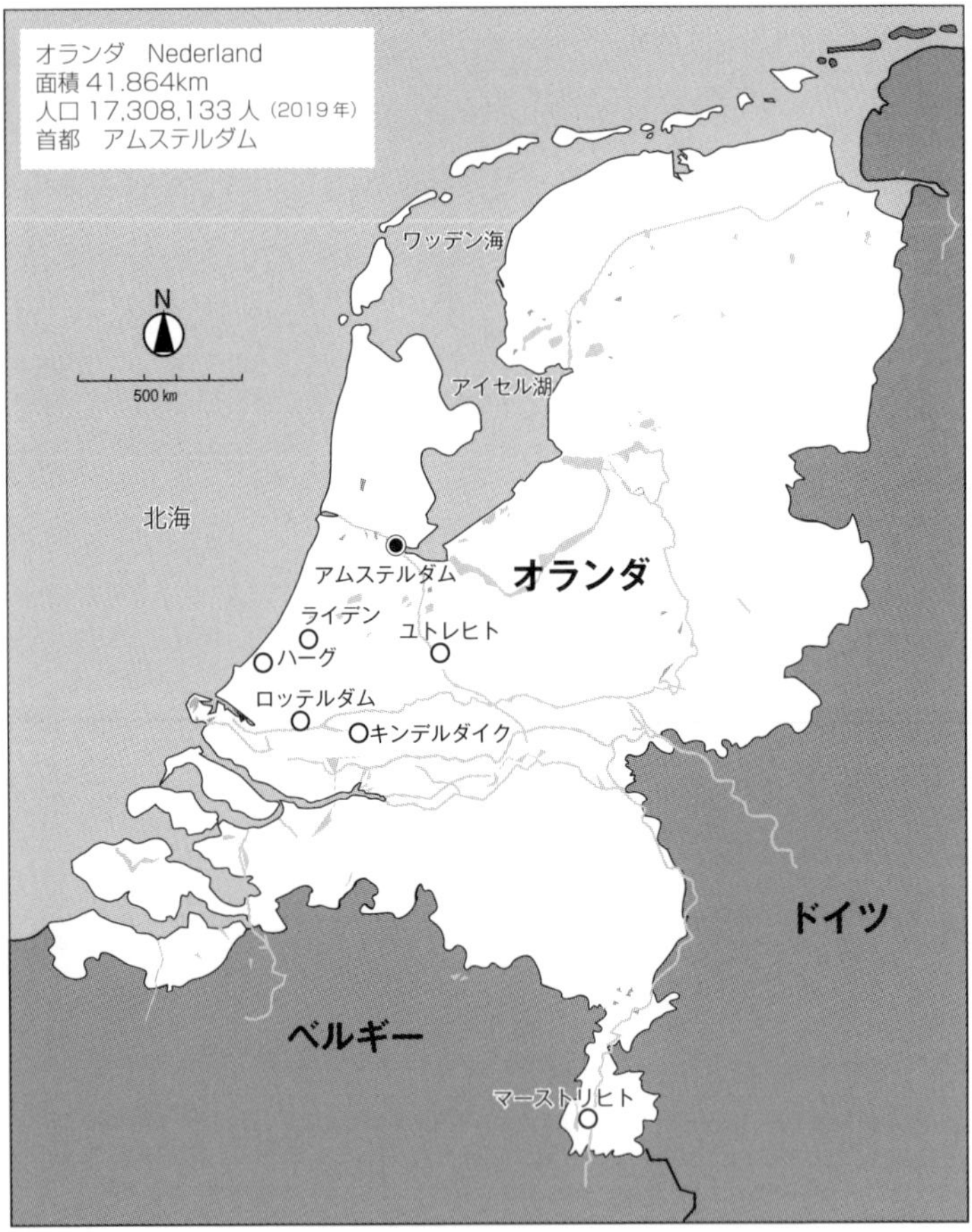
オランダ　Nederland
面積 41.864km
人口 17,308,133 人（2019 年）
首都　アムステルダム
ワッデン海
N
500 km
アイセル湖
北海
アムステルダム
オランダ
ライデン
ユトレヒト
ハーグ
ロッテルダム
キンデルダイク
ドイツ
ベルギー
マーストリヒト

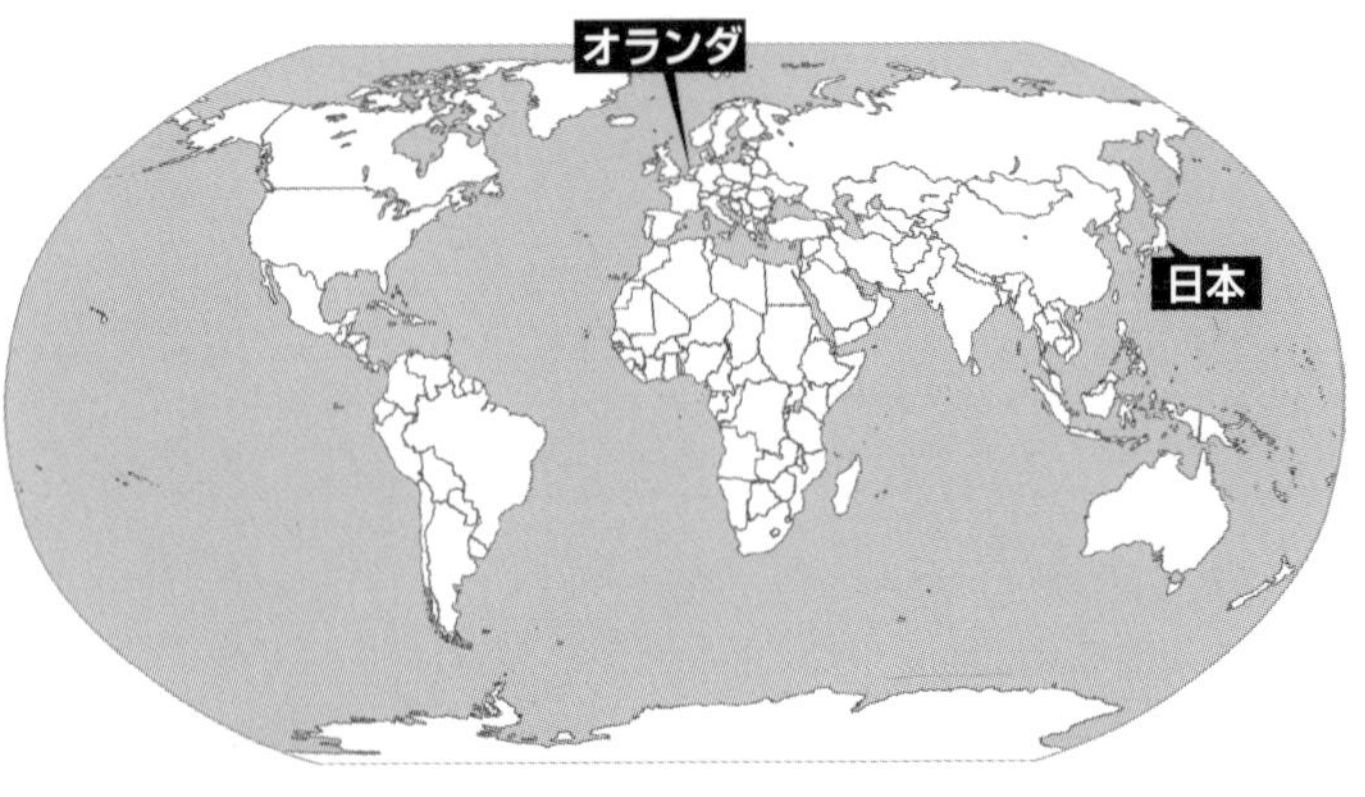
オランダ
日本

はじめに

２０１８年8月、思わぬ幸運が舞い込んできた。9月に予定していた夫単独のオランダ出張が中止になり、8月中旬に夫婦同伴で行く計画が持ち上がった。日本は猛暑で、熱中症などで大変な状況にあったが、ヨーロッパに行くなら寒くならない今がいいと判断。家族、友人の協力も得られて、23年ぶりにオランダ周遊の旅にチャレンジした。

「男女平等」を願って運動に参加してきた私にとって、さらに「性差別のないジェンダー平等」の実現は、人類の未来社会の虹の課題として身近にあった。「ＬＧＢＴが住みやすい国はオランダだよ」と友人が教えてくれたこともあって、「オランダの今の素顔を見たい」「ゴッホとアンネとミッフィーの国の魅力もあわせて」と、あいかわらず欲張りな10日間の駆け歩きとなった。

あれから1年半、激動の時間があわただしく去っていった。

そして今、新型コロナウイルスのパンデミック（大流行）に世界は恐怖している。自由な往来も今はできない。「あの日のオランダ紀行を書いておかなくては」という強い思いにかられて、コロナで巣ごもり自粛中に急いで宿題にむかった。

ビデオ・写真・下書き・メモを頼りに全身で記憶を呼び戻し、ようやくまとめることができた。

日本と親密な歴史的関係のあるオランダ、文化芸術・未知に挑む国づくりに学び、多民族国家としての多様な温かさにふれ、また、知らなかった闇の素顔におののいた10日間。

新型コロナパンデミックを乗り越え、地球と世界・日本の未来のあり様を、考える一助となることを心から願いながら。

2020年1月1日、オランダ政府は、正式国名を、The Netherlands（ザ・ネザーランド＝英語）と発表したが、日本人には、オランダの方がなじみがあるので、本書ではオランダと呼ぶこととしたい。

2020年　秋

西山とき子

KLMオランダ航空の旅客機

1　真夏の夜の夢——私がオランダに行きたい理由

オランダにはもう一度行きたかった。それには理由があった。1997年、介護保険法案の審議のために、参議院の介護福祉制度調査団の一員としてドイツ・オランダ・デンマークを訪ねる機会があった。（拙書『明日色の長生きライフ』に詳細）。オランダの介護支援施設の〈ケア・ハウス〉、〈デイ・ケアセンター〉、介護老人ホームを視察。日本の老人福祉施設のあり様に大きな示唆をいただき、帰国後の国会質問に反映した。「日本のケア・ハウスは、ケアレス・ハウスではないか」と厳しい質問をしたことを覚えている。その時、ぜひにと「アンネの家」に立ち寄らせてもらったが、ゴッホ美術館には行けず、心残りになっていた。今回はぜひ行ってみたかった。

さらに最近、日本でもジェンダー（社会的・文化的性差）平等を求める多様な運動が広がり、私の身近でも、性的マイノリティー当事者の勇気ある告発（カミングアウト）があり、心ゆさぶられる思いをしていた。男女平等をさらにすすめて性差の平等へ、個人の尊厳を未来へつなげる「未来社会の虹の課題」―「世界はどうか、オランダの素顔はどうかしら」と、思いをふくらませた。

そして欲張りな私にはもうひとつ行きたい理由があった。古希プラス1で、初孫誕生、翌年に年子で生まれて孫が二人になった。赤ちゃんの成長に欠かせない絵本。ミッフィーは、孫たちも親しんでいた。絵が苦手な初おばあちゃんの私は、誕生日パーティーの飾りにミッフィーちゃんの絵を一生懸命まねて描いた。孫たちは「ミッフィーちゃん！」と喜んでくれた。うれしかった。

作者のディック・ブルーナさんは、オランダのユトレヒト出身。ミッフィーの生まれ故郷でもあるので、ぜひ行ってみたい。

どんなところでミッフィーは生まれたのか、心は早まるばかりだった。

アムステルダム中央駅

2　飛行時間はわずか11時間、アムステルダムに着いた

8月7日、4時起床。部屋の温度計は30度。クーラーの設定温度28度をすでに超えていた。自宅から乗り合いタクシーで関空に行き10時25分、KLMオランダ航空0868便に搭乗した。座席はゆったりとして前も窮屈でなく、機内食の昼・夕食と軽いスナック菓子の3回をなんとかこなしているうちにわずか11時間で、あっという間にオランダ・スキポール空港に着いた。現地時間は14時58分、日本時間用のもうひとつの腕時計は21時58分を指していた。時差は8時間ほど、温度はというと32度もあった。夫は予想外の暑さに閉口していたが、風はもはや日本の湿気を含んだ熱風ではなく、さわやかで、オランダのランドカラーの青空が広がっていた。

列車で移動。30分ほどでアムステルダム駅に着いたが、案の定、プラットホームは低く、段差が大きく、背丈の低い私には大きな旅行鞄は重くて大変！　すぐに背の高い男性が助けてくれた。しかもさりげなく、あたり

アムステルダム駅のグランドピアノ

前のように。

「ダンケシェーン（ありがとう）」その瞬間から私はオランダに溶け込んでいた。

アムステルダムの駅の近くのはずのホテルを探して重い鞄をゴロゴロと引いて歩いた。京都では外国人観光客が急増して、大きな旅行鞄が邪魔だなと思うことが多かったので、こちらに来ると気をつけて歩いた。駅の案内所を探した。うす暗い天井の高いレンガつくりの駅構内に、大きなグランドピアノが置いてあるのに気がついた。人々が弾いては去っていった。観客もまばら、ランダムでいいようだった。

「アムステルダムの駅にピアノ？」私にとっては初めての出会いだった。移民の多い国と聞いていたこの国の人がピアノを愛し、音楽を通してつながろうとしている。そこにまず感動した。ヒロシマの被爆ピアノ・福島の被災ピアノを想ったが、ここにあるのは、痛々しいメモリアルのピアノではなく、誰もが弾いていい〝友好のピアノ〟だった。正直、オランダの住まいの間口は狭い。みんなが自宅にピアノがあるわけではないだろうから、駅の粋な計らいというものかな？　最初私はそう思った。

しかし、滞在中に移動すると、アムステルダム以外にも、ライデン・ロッテルダム・ユトレヒト・ハーグなど地方の駅にも演奏自由のピアノが置いてあって驚いた。グランドピアノもあればアップライトもあり、白いしゃれたピアノもあった。通りすがりに弾いて去って行く人。中には先生がついて習っている青年もいた。この国にはこんな風に音楽文化が広がっていた。弾いてみたかったが、バイエル程度の手習いでは次回までお預けだ。

帰国したあとで知ったのだが、ＮＨＫのＢＳで世界の「駅ピアノ」「空港ピアノ」という特集番組が随分人気番組となっていた。注目して録画をして見るようになった。中でも「ユトレヒトの駅ピアノ」を何回も視聴している。

旅の思い出が身近に感じられた。演奏する人も周りで聞いている人もその表情がやさしい。ユトレヒトの駅のピアノは、出会いと友情の場であり、発表と鑑賞・共に自由に参加し、音楽を奏でるコンサート会場となって親しまれていた。

ピアノは奏でる。

「ようこそオランダへ」

「言葉も肌の色も関係なし、世界共通の音楽でつながろうよ」

「あなたも一緒に歌おう。ウエルコメン（歓迎）だよ」

3　とんでもないホテルでの騒動！

目指すホテルは、駅を出てすぐ西隣りにあった。

ホテルに着いてびっくりした。チェックインのカウンターがないのだ。ロビーの狭いひろばの真ん中に高いテーブルと客用のイスが数脚あって、女性スタッフ3人がスマホ片手にウロウロして客に「オラー」と声をかけていた。椅子は高くて足がぶらぶらした。帽子とユニフォームを着ているのでスタッフと識別できたが、ホテルで客を迎えるという風情はなく、

「えっ」とうろたえた。

隅のコーナーに、一人が立ったまま仕事ができる立ち机にパソコンが1

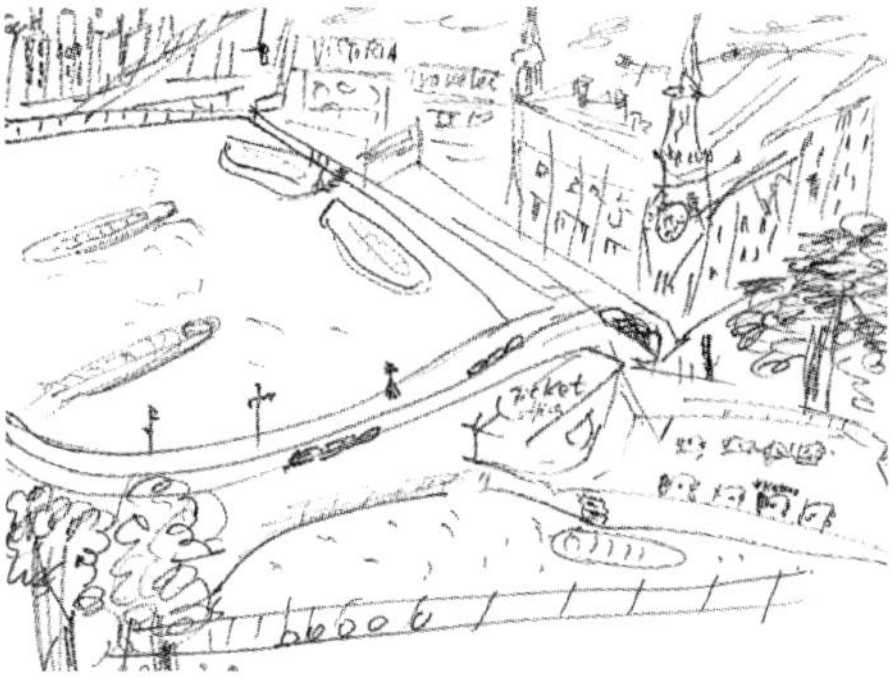
ホテルの廊下からみた
アムステルダム駅前

台置いてあった。スタッフが代わるがわる使っている。

二人ほど順番待ちのあと、海外生活には慣れていたはずの夫が話してみて慌てた様子。同じホテルの一人部屋の予約を日本でキャンセルしてきたはずだったが、キャンセル時間が2時までという制限をこえていたためにダブルブッキングになっていることがわかった。あわや大損害！と思ったが、「お手伝いしましょうか」と母娘で旅行中の日本人女性が英語でスムーズに事情を説明してくれた。「地獄で仏」とはこのこと！とお願いした。ホテル側はあっさりとキャンセル料金はなしにしてくれ、ツインの第780号室のカード2枚をくれた。「オランダは柔軟なんだ」と、うれしくなった半面、すべてスマホでなんなくことをすませているのには驚いた。スタッフは立ったまま、スマホ一つで仕事をしている。超合理化じゃん！一日中立って仕事するの！

この国の未来を日本の未来と重ねて心配になってきた。

（この問題意識は、最終日、離陸するスキポール空港で頂点に達する出来事に出会った。）

アムステルダム駅前駐輪場

4　オランダ語ってどこで聞いたかな？

　ここまでのわずかな滞在時間で、早くも発見したことがあった。この国の人は、駅員であれ、改札口のスタッフであれ、国籍や肌の色に関わらずみな英語が堪能で流暢できれいな発音だった。オランダ語ってどこで？という感じがしたほど英語がこの国の標準語になっていた。私は家族でスイスのチューリッヒに滞在1年、いまだに英会話は片言のまま、ラジオ英会話や、リーディング資材などトライしたことはあったが、とうとう上手にならないまま歳を重ねてしまった。

　オランダに来てみると、移民も含めてみな同じ水準の語学教育が幼い時からきちんとされていると実感できた。母国語以外の言葉による差別や不自由がないということがどれほど社会的に平等に仕事ができ、生きることができるか。ツーリストにとって快適なことか。オランダはまずはこのハードルをこえてグローバルに生きている国であった。温暖化に敏感なエ

運河の風景

コの国、自転車の国と聞いていたとおり、自転車置き場には、てんこ盛りの自転車。こんなでいいの？と心配したくなるほどたてこんでいた。〝よいしょ〟と自転車を持ち上げてストッパーのような柵に入れるという方法だったが、場所がなくなるとどんどん上にかまわず積み上げる横着な人もいた。これもオランダ流？　お互い様、ということかな？

5　サマータイムの午後は長い。まずはアンネの家を訪ねた

やっとホテル780号室に荷物を置いた。きれいなデザインの清潔な部屋だったが、とにかくムダを削り最小のサービスで、狭いのには驚いた。シングルベッド二つを置いて家具は最少。移動可能な隙間だけを残して、シャワーコーナーとトイレと洗面ルームがあるだけ。タオルとバスタオルとフェイスタオル、備え付けのシャンプー、使い捨てコップ以外何もない。

さすが世界に名だたるチェーンホテルの経営を見る思いがした。

日本時間にあわせると寝る時間になっていたが、旅の荷をほどき、観光客でにぎわっているまだ陽の沈まないアムステルダムの街に出かけた。なつかしい間口の狭い鉛筆風の建物と運河が蛇行する街にブルーの路面電車が活躍していた。35年前に、夫の留学中にチューリッヒに家族でくらしたことがあった。そのころのスイスもブルーの路面電車で、スイスイと快適だったことを思い出した。ここはヨーロッパ。オランダとスイスは地図の上でも近かったことに気がついた。

チケットの予約をした方がいいからともう一度、駅のインフォメーションセンターを訪ねた。親切に教えてくれた。歩いて10分ほどで街の案内所に着いた。

案内所では、アンネの家はガイド付きでも3カ月待ちと言われあきらめた。ゴッホ美術館は土曜日と月曜日しかとれないと言われたので、当初の予定を変更して、月曜日の予約をすませた。

夕食の場所探しをかねてアンネの家まで徒歩で行ってみた。かすかな記憶をたどって運河を渡った。運河沿いの道には、テーブルと椅子を並べた

「アンネ・ミュージアム」入場を待つ長い列

レストランが多かった。20分ほど行くとにわかに賑わいの聞こえる場所に「アンネ・フランクの家」（ミュージアム）があった。ガイド付きのチケットのある観光客だけが並んで待っていた。

アンネ・フランクの隠れ家を父オットー・フランクが博物館として1957年にオープンした、近代的なガラスの建物。アンネの隠れ部屋には、ミュージアムの中から入る設計になっていた。以前、私が訪ねた時には、運河沿いの入口から狭い階段を昇った記憶がある。サマータイムで外はまだまだ明るい。ミュージアムから左にまわりこんで運河沿いの通りに面した「オットーフランクの家」という案内の前で写真を撮る観光客が多かった。

公道に沿った建物の狭い入口が当時の閉塞の時代を生きる臨場感を伝えていた。年配の方は深刻な顔で、若い人はピースサインをして笑顔で撮っていた。アンネと平和な未来を重ねる若者の笑顔がまぶしかった。私はヨーロッパやアメリカ・日本の戦前礼賛の今の政治を思うと、アンネ一家の恐怖を胸に、その場に立っているのが精いっぱいだった。夜の8時、「キーンコーンカーン」と西教会の鐘がなった。アンネも聞いたであろう鐘の音が今も時を告げている。

アンネ・フランクの家の前で

「アンネの隠れ家」すぐそばの西教会

レストランのスタッフと

6　水の都アムステルダムの運河ツアーとユダヤ人街

今回の旅も、駅近くのホテルを基点として、各地を巡る自主プラン。

2日目の8日は、朝早くから、駅前発市内観光バスと運河ツアーを試みた。

アムステルダムは、そんなに大きな街ではなかった。観光スポットを選んでゆっくり時間をコントロールできる。バス・市電・ボートと共通のチケットで自由に乗り降り・往来もできた。とにかく運河が縦横に多い。運河を目印にしていると迷子になる。ボートハウスが居宅で、運河に住み着いた人々もいる。税金を払えばＯＫだった。

「ランチをどこかでー」と、うろうろしていると「あれ?」昨日のアンネの家の近くの運河を渡っていた。まずはなじみになったつもりで、角のレストランでピザを注文した。女性も男性も、スタッフは実にてきぱきとよく働いていた。自然に気持ちよく応対してくれる。日本人だからと特別

ユダヤ博物館

の注目も注意も払わなかった。38ユーロのピザとワインがおいしかった。「お客さんには、どなたにもフレンドリーに」この点に徹している国のように思えた。

便利な交通網のおかげで、このあと、バスの観光スポットでは十分見られず気になった「ユダヤ人街」に運河の舟で逆戻りすることにした。

幸いにもお目当てのユダヤ博物館に、閉館30分前に飛び込んだ。気の毒がった受付スタッフが、「1カ月有効のチケットパスだから。明日もまた来てください」と言った。なるほどオランダ訪問客の中には近くに住んでいる外国人もいるわけで、私たちのように「お目当ての外国旅行は、一生に一度と決め込んで来る人ばかりではない」のだとわかった。

ユダヤ人街の歴史は、1600年~1900年と展示されていた。彫金などで富を築いた歴史とナチス統治下の✡印（ユダヤ人の印）とともに生きる恐怖と抵抗の歴史が記されていた。地下に隠された浴場もあった。顔を隠すために白い仮面をつけて入浴する人々の写真もあり不気味だった。アンネ一家をかくまったレジスタンスの存在とユダヤ人街のつながりや如何に？　わずかな滞在は、アンネ・フランクと当時の人々のつながりを、

〝カジノで遊ぼう〟

私の想像の世界で、線から面につなげて消えた。

市中では意外にも小さな「カジノ」の看板がいくつも目についた。こんなにカジノが身近に盛んだなんて驚いた。こんなことでいいの?! 日本ではカジノは禁止。東京・大阪などで、カジノを含む総合施設IRの強引な誘致に市民の猛反発が起こっていた。

7 アムステルダムの夜、売春合法の街の素顔を見た瞬間!

一度ホテルで休憩したあと、夜7時ごろから街の中華街に夕食に出かけた。ガイドブックによれば、いわゆる赤い飾り窓のある地域が近くにあった。

夫は、「前に行ったときには、売春禁止で、警察官がうろうろしていて、町全体の雰囲気も暗くひっそりしていた。パトカーが頻繁に巡回していたがどう変わったか知りたい」と熱心に私を誘った。私は気がすすまなかっ

た。

運河をひとつだけ渡って、少し入りかけるともう雰囲気が一変していた。それまでフレンドリーな観光街としてみていたこの町に、大勢の人々がたむろして飲んでざわめいていた。もうひとつ運河を渡ると、ざわめきが一段と大きくなって、叫び声とまじりあっていた。ショーウインドーは、女性の下着などセックス産業があからさまに客を呼び込む様々なしかけであふれていた。そこでは男性だけでなく大勢の女性が飲んで騒いでいた。私は気分が悪くなったので「帰ろう」と夫の腕をひっぱった。なにごとも〝研究心旺盛〟な夫はなかなか離れようとしなかった。「どう変わったのか。行かないとわからないだろう！」とえらい剣幕で口論になった。調査目的でも、興味本位でも、どうでもよかった。私はとにかくいたたまれなかった。黙ってホテルに戻った。

オランダは、かつて禁止されていた売春が、２０００年に完全に合法化、解禁になっていた。他国の歴史も実際も勉強不足だったことを後悔した。「ジェンダー平等が進んでいて、性的マイノリティーが住みやすい国だ」という先入観から、「この国の今を日本の未来に重ねてみたい」と思って

ドム塔の女神像

来た。合法化された夜の街の売春の実際に直面した時間、極度に困惑した。

この夜、運河が隔ててしまったこの国の闇の素顔に深く入り込むことを宿題にして、明日からの旅を続けた。

8　ミッフィーミュージアムを訪ねてユトレヒトへ　アムステルダムからわずか40分

8月9日。朝6時45分、ホテルの窓から見上げる空はオランダブルー。アムステルダム駅のスーパーで朝食用のパンとジュースを買って8時39分発、特急に乗り込んだ。運河のすぐそばを走る列車の窓と船が平行にま近に行き交う。これがオランダだ。

40分ほどで、やっと念願の地・ユトレヒトに到着した。ミッフィーに会うためにやって来た。ミッフィーの作者ブルーナさんがずっと住んでいたユトレヒトという街はどんな街なのだろう？　近代的な巨大なモールがで

ユトレヒトの旧市街入口

ドム塔の正面

きている駅は早々に通過して、旧市街を「ミッフィーミュージアム」にむかった。まずはドム塔を目印にし、旧市街地の小さな商店街を歩いた。「日本からきたのか？」と親しみこめて話しかけてくるおじさんもいてゆったりとした気分になれた。

ドム塔をくぐり、広場にでると、インフォメーションセンターがあった。ミッフィーのブックショップがあったので寄ってみた。２０１８年７月、長野の黒姫童話館でたまたま目にとまって孫のためにミッフィーの本を買っていた。その本は『ミッフィーからの贈り物　ブルーナさんがはじめて語る人生と作品のひみつ』（ディック・ブルーナ、講談社文庫＝写真）。オランダ行きの話など露ほどもなかった頃のこと。巡り合わせと言おうか、今私はオランダに来て、ミッフィー誕生の地、ユトレヒトに立っている。残念ながら、ブルーナさんに会うことは叶わなかった。ブルーナさんは、２０１７年２月、89歳で他界されていた。

「この本の原本がほしいのですが？」と聞いたところ、店の二人の女性スタッフは「その本は知らない」

ミッフィーミュージアムの正面

Illustrations Dick Bruna
© copyright Mercis bv,1953-2020www.miffy.com

というので驚いた。ミッフィーの本は世界約50ヵ国に翻訳されていた。オランダで売られていないものが日本で?と思ったがそのままにして３・95ユーロ（１ユーロ＝１２０円程）で街の地図を買った。あとで調べてみると、大変な勘違いをしていた。『ミッフィーからの贈り物』は、ブルーナさんへの77のインタビューを講談社が編集、２０１５年に出版したものだった。

歴史を感じるドム教会の小さな庭園に日本の花壇と同じ花々を見た時から、この街に親しみが沸いてきた。古い運河に沿って、徒歩20分で、静かな住宅街のはずれにある「ミッフィーミュージアム」に着いた。ミッフィーの大きな人形が出迎えてくれた。

オランダではミッフィーは、オランダ語で「ナインチェ」と呼ばれていた。「うさちゃん」の意味だそうだ。ミッフィーの絵本は、１９５５年にこの街で生まれ、１９６４年、どの国よりも早く日本で『ちいさなうさこちゃん』として翻訳出版された。１２０タイトルをこえる絵本が刊行され、８５００万部が出版され、その内日本国内だけで５０００万部（『ミッフィーからの贈り物』より）というからこれも驚く。

ミッフィーミュージアムのお絵描きルーム

9 「ミッフィーを世界の子どもたちに贈りたい」作者ブルーナさんの秘密とは！
―人生を決定づけた戦争と隠れ家での生活―

「ミッフィーミュージアム」に入ると、そこはまさにブルーナさんの愛情いっぱいの世界があった。2階建ての少し大きな保育園が二つ三つ、つながったようなカラフルな子どもとミッフィーが一緒に遊べる空間が可愛かった。お台所・ベッドルーム・お遊び・お絵描きルーム・トイレなども、ここでは「子どもたちが主人公」。ブルーナさんの愛情あふれるミッフィーの世界が広がっていた。

世界中からやって来る、0歳から4～5歳の子ども連れの家族で賑わっていて日本語の解説もあった。それほど、ミッフィーは日本でおなじみだった。

幼い子どもたちが、ミッフィーを大好きな理由は何だろう？ 71歳で初

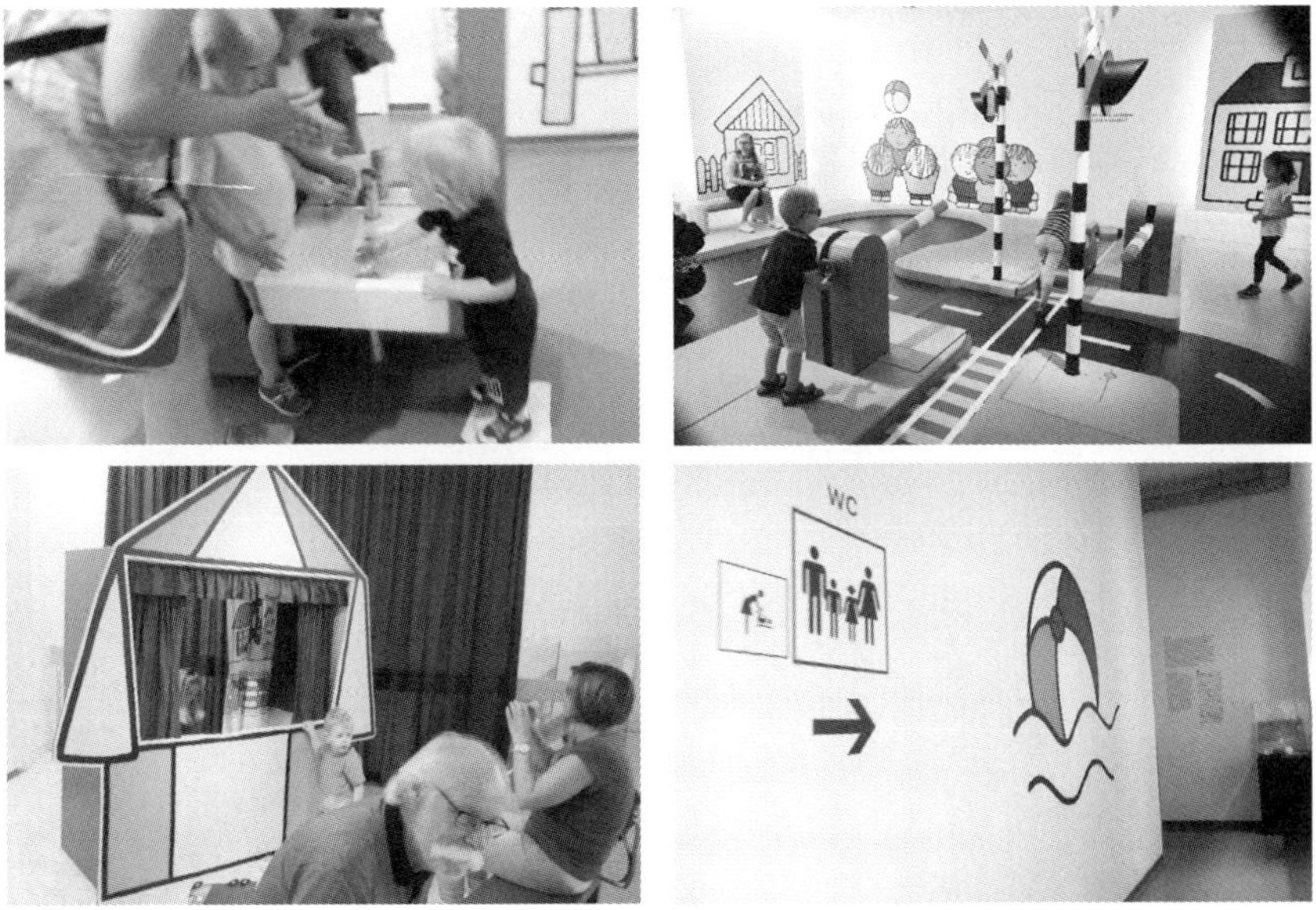

主人公は子どもたち

孫の誕生に出あった私は、初産で帰ってきた娘と孫の部屋用にミッフィーの絵をはじめて描いた。カレンダーの裏に大きく描いてたくさん飾った。絵を描くことなど苦手だった初祖母の私が、描いてあげることができた絵がミッフィーだった。シンプルなのに、思いのほか難しかった。なんとか真似られた。少し成長した孫に「これだあれ？」と聞くと「ミッフィー」と呼んでくれてほっとした。

第2次世界大戦下では、アムステルダムのアンネ一家だけでなく、このユトレヒトでもナチスの占領下で恐ろしい時代があった。先述の文庫本のブルーナさんのインタビューを読むと、ブルーナさんの家族は、終戦までの2年間、ローズドレヒト湖畔のブルーケラーフェーンに移って、隠れ家で地下生活を過ごしたという。16歳から18歳の多感な青年期。空を飛ぶ戦闘機や、ナチスの姿にお

亡きブルーナさんの写真が
子どもたちを見守る

びえたり、息を殺して命の危険にさらされながらも、湖の自然は、あくまでも美しかった。湖面はきらきらと輝き、スケッチに読書、アコーディオンを弾いて作曲したり、タイプライターで小説を書き、挿絵を書いて本をつくったりする時間はたっぷりとあった。「戦争、この隠れ家での生活が、今考えると、ぼくの人生を決定づけたのかもしれません」「戦争は非情で残酷です。戦争はあってはならないことです」と語るブルーナさん。

かぎりある命の尊さを知ることになった戦争。ブルーナ少年は、しっかり成長し、会社をつがせたいという両親の意向とは別に、アーティストになりたいという夢を大きく膨らませた。そして世界的に活躍する絵本作家・グラフィック・デザイナーとなった。息子の誕生と野生の小さなうさこちゃんとの戯れ、ベッドで毎晩聞かせる即興のうさぎの話。両親と幸せにくらす白い毛の小さなうさこちゃん！　こうしてミッフィーは生まれた。

「幼い子ども時代の家庭のあたたかさは、その子の人生を勇気づけるもので、その子が一生もって歩く大切なものです」「幼いころの心のぬくもり」「このあたたかさの記憶づくりに、ぼくの作品が役立っているのだとしたら、どんな大きな勲章よりもすばらしいことだと感じています」

運河沿いの花屋さん

小さな子どもの手や体のサイズにあった大きさと正方形の絵本。いつも子どもたちの正直なまっすぐな目に応えるように、正面をむいたミッフィーたち登場人物。

「シンプルにこだわるのは」「子どものイマジネーションの力はおもしろいくらいにすごいものだと、ぼくは知っているのです。だから、絵本でたくさん想像してもらいたいのです」。字も読めない小さい子どものための絵本は見あたらなかった時代。大人には受け入れられなかったミッフィーの絵本。手にとってひろめたのは、ほかでもない小さな子どもたちだった。「どの国の子どもたちもミッフィーを仲良しの友達のように思ってくれています」「子どもたちに笑顔を！」、そして「いつも、すべての子どもたちに平等に幸福が訪れますように！と願いながらいつも描いています」と続く。

オランダ、ユトレヒトで誕生した、「ミッフィー」には、ブルーナさんから子どもたちへの無限の愛がこめられていた。

帰路、「ミッフィーミュージアム」の前のそんなに大きくない「美術館」、ユトレヒト大学の人体展、植物園にも立ち寄った。夕方の5時半ごろ、運の悪い夕立ちにあわててポンチョをかぶって移動した。保育園から子どもを4人も自転車にのせて帰宅する労働者夫婦に出会った。ブルーナさんが自宅からオフィスへ自転車で通った街。普通の庶民のくらしが感じられた。ミッフィーを観光資源として商業的に利用することは厳に慎まれていた。美術館のショップのほかには、駅にむかう途中に、ミッフィーショップが1軒だけ。マーストリヒトにも1軒あっただけだった。

10　ユトレヒトのムール貝料理を堪能！

夫は現地で「マッセル」と発音される貝（日本ではムール貝といわれる）が好きだった。

私はというと日本でもスペインでもパエリア風に少しは味わっても、マッセル料理はまだ食べたことがなかった。ユトレヒト駅で、夕飯にレス

Mussels（ムール貝）がいっぱい

トランに入った。メニューをみて注文した。約1キロ・70～80個のマッセル料理！　果たしてどんなのだろう。手際よく運ばれてきた日本の土鍋をたてに大きくしたような黒塗りの蓋つきホーロー鍋に、黒い貝殻のマッセルがてんこ盛りに出てきた。すごいぞ！

「フォークでオレンジ色の身を出して、3種類のディップをお好みでつけて召し上がれ」と言われた。フォークよりも貝殻で掘り出して食べるのが通の食べ方と書いてあったのでやってみた。ぷりぷりのピンクのムール貝がふわっと口の中に。実に美味しい。パンとチーズは食べ放題。スタッフの男性2人は見たこともないほどに背が高くすらっとしていた。女性スタッフにそっと聞くと「2メートルもある」というので驚いた。見るからに背の高い人たちだった。だから店のワイングラスが高い棚に並べられていても平気だった。日本人はとても勧められないなあと余計なことを心配した。

とにかくそんな雰囲気のなかで充分時間をかけて食べきれないほどのマッセルを堪能した。鍋の中には、ニンジン・セロリ・ネギが一緒に蒸されていて野菜の白いスープがおいしかった。

夫は、学会出張中にロッテルダムで食べてから、実に5年ぶりに新鮮なムール貝料理に出会えて大満足だった。一鍋が55・90ユーロ、二人で7000円余だった。海に囲まれたオランダならではの美食ぶりに驚いた。

11　産地直結の豊かな酪農・農業
——パンもチーズも果物も

おいしいパンが並ぶ小売店

スイスに1981年から1年間、家族で滞在した（拙書『家族色のスイス』）経験からも、ヨーロッパの国が必ずしもみなパンがおいしいとは限らないと思っている。オランダのパンは実においしかった。毎朝アムステルダムの駅の改札を通って、すぐそばのコンビニで、郊外行きの列車の中で食べる朝食を買った。

大きなクロワッサンがおいしかった。ほかいろいろなパンが買えた。小さなパック入りの牛乳も新鮮だった。サラダのパックも、へたつきのイチゴの大きなパックも買った。

甘い！　安い！　滞在中のパンもみなおいしかった。ゴッホの絵の「麦畑」が好きだが産地直結、この国の酪農・農業のおいしさを味わった。海面以下4メートルの国土を生かしてこんなにおいしいものを提供してくれるとは驚いた。チーズもゴーダチーズが有名だが、サラダにもチーズが自然に使われていておいしかった。高いコースは一度も注文せず、一品を注文して、「シェアをして食べたいがいいですか？」と断ると嫌がらないで2人分の小さな皿とスプーン・フォークを用意してくれた。フランスでレストランスタッフをしていた友人から「日本人はよく、シェアをしたり、皿を交換するので、レストラン側が嫌がる」という話を聞いていたので、最初に聞いて確かめた。

この国では、スタッフはみな、外国人客への応対は静かで、てきぱきとスムーズな英語でこなしていた。多様な国からの移民・観光客を受け入れているためなのか、私のつたない英語でも一度も嫌な思いをしたことがなかった。

日本では外国人観光客に寛容でない感情を持つ場面も多く見られる。多くの国から移民を受け入れてきたこの国は、多様性をバネに羽ばたく知恵を磨いてきたのではないだろうか。食べ物はふたりとも大満足で、不平をいう場面は一度もなかった。

キンデルダイクの風車群

12 世界遺産：キンデルダイク風車群は威風堂々自然に挑戦

――海抜以下の土地に住もうと挑んだ人たち

オランダといえば花と風車。童話の世界の風車に憧れてはいても、実際の風車生活は詳しくは知らなかった。１７４０年頃に造られた19基もの風車群が、１９９７年ユネスコの世界遺産に登録された。そのキンデルダイクへ行ってみることにした。

７時起床、アムステルダム駅へ。慣れてきたので、移動に便利なＩＣＯＣＡの様なカードを国際線切符売り場に行って求めた。年配の女性が担当。丁寧に教えてくれた。ドルドレヒトの駅に着いた。大型バスを待って乗車した。30分ほどオランダ郊外の住宅地の中を、車窓から雲を見ながら通過、キンデルダイクに着いた。乗客は私たち二人だけ。おかしいなと思って土手の方に歩いていくと、大勢の観光客に出あった。通常の観光ルートは手

大きな翼を支える骨組

前のロッテルダムで降りて、水上バスなどを利用してキンデルダイクにむかうという。水路は帰路で試すことにした。

降水量50%の予想を裏切って空はオランダブルーに晴れわたり、これまたオランダ風の入道雲が地面にあふれんばかりにもくもくと昇っていた。気温は20度、さわやかだ。背の高いススキの茂る沼地を1基、また1基と近づいていくと蛇行する運河にそって19基の風車群の堂々たる姿が見えてきた。止まっている風車の中に入ることもできた。風車の翼はそばまで行くと大きな骨組に取りつけられていた。巻き上げ方式で風を調節する開閉式の幕も大きく頑丈なのに驚いた。１９８４年と記されていた。

中に入ると、当時の住民のダイニングキッチンと寝室、いかにも手狭だった。木製のベッドも思ったより小さく、足をのばして寝ることも難しそうだった。ベッドの下はコンパクトにミニ整理ダンスになっていた。大きな木靴と小さな木靴が置いてあった。そっと履いてみる。もはや土産物ではない、沼地を歩く必需品だ。風車は、水を汲み上げる干拓のほか、製材。製粉など休む間もなく働いたにちがいない。遠く農家の人々のくらしを思った。

海抜マイナス1メートル20センチを示す池の杭

キラキラと光る池のさざ波、「ここは海抜何センチ」と尺度のついた杭が立っていた。この池は、海抜マイナス1メートル20センチのところにあった。近くに寄ってみると私の背丈よりはるか上に海抜ゼロの印を見た。信じられなかった。ここは確かにオランダだった。

幅広の運河のそばには、鶏を飼い、ヤギを育て、小さな菜園で豆を育てている2、3軒の古い農家が残されていた。運河のそばに座ってみた。ゴッホも見たであろうこの風景、風がススキを渡ってくる。オランダに来て初めて描きたくなった。時間はたっぷりと流れている。夫は叢に寝ころんで風に吹かれ、空を見ていた。風車のスケッチを2枚描いた。

ゆっくり回る風車もあれば、怖いぐらいビュンビュンと音をたてて回る働き者の風車もあった。モニュメントデーの風車の日には、世界遺産の19基が一斉に回されるという。この沼地で、風を利用して住もうと人々は決意したのだ。沼地の干拓の歴史科学館があって寄ってみた。巨大な風車で水を汲みだす前人未踏の挑戦。「未知に挑む」その情熱に深く感動した。海洋王国のオランダは、その技術で海も制して沼地にくらしたのだ。「地球温暖化」で海中に沈む不安を抱えながら人々は挑み続けるにちがいない。

運河のそばに座って

農家の作業場

風車内部の様子

必需品の木靴

風車群とヤギがいる土手

マーストリヒト市庁舎前の広場

13　マーストリヒトの街はオランダの南東端
――ペストハウスと地獄の門

8月11日、朝5時15分にアラームで起床。雨。寒いぐらいだ。だんだん慣れてきたオランダ国内旅行。オランダ最古の街、南東端にまるでしっぽのように出っぱった街、マーストリヒトには、急行に乗れば2時間半で行ける。駅から旧市街へ、13世紀に造られた聖セルファース橋を渡って入っていく、中世からの要所の街だ。ガイドブックによると、国境をドイツ、ベルギーと接し、フランスにも近くなんと20回以上も他国に占領された経験をもつという、世界史の縮図のような街だった。地理的条件を生かしてここでも人々はしたたかに生きていた。

1992年2月7日、欧州諸共同体（EC）加盟国間でヨーロッパ連合（EU）条約が調印され、あたらしい発展の道へ動き出したのが、ここマーストリヒトだった。

地獄の門

ミッフィーのぬいぐるみの乗った小さなミニ観光バスが運行されていた。私は靴が合わず足が痛くなったので利用することにした。

小さな街を一回りしたあとは、フランスの味に近く美食の街で知られるマーストリヒトの古いレストランでランチに。モッツァレラチーズとミニトマト、バジルのピザとサラダ。ワインがとってもおいしかった。つめつめの机のお隣りには、ドイツからきた老夫婦、日本から来たというと「写真を撮ってあげよう」とフレンドリーに話しかけてきた。ワインでいい気分になって、地獄の門を出た。

地獄の門はオランダ最古の城壁の門で1229年に建造されたという。18世紀ペストの流行時、この門からペスト患者を追い出して収容したというペストハウス（隔離施設）もあった。

「2度と帰れない」という地獄の門。今、世界は新型コロナで、パンデミックにみまわれている。

人類の死闘は続く。

カラスがごみを荒らすライデン駅前の光景

14　日曜日は大学の街ライデンへ

8月12日、6時50分起床。気温は16度~25度と涼しい。たまたま京都で友人となったオランダ人のY君の母校がライデン大学だった。オランダ最初の大学でもありぜひ行ってみたいと思っていた。

寒がりの私は、カーディガン持参。アムステルダム駅から約30分、9時12分にライデン駅に着いた。近代的な駅の正面を出てびっくりしたのは、駅前のカラスのごみ荒らしだ。

こうした光景はオランダでは初めてだった。

9時30分ごろには清掃車がまめに道路のすみからすみまで、歩道の上まできれいにして行ったが、残念ながら最初のごみ荒らしの出会いで、気分を害されてしまった。都市によっては夜中や、早朝に清掃車を駆使してきれいな出迎えを準備しているところもあるのにと悔やまれた。確かに歩道には、そのままごみ収集車にコンテナのように積み込む、大きなごみ箱が

ライデン
運河とハネ橋と花壇の美しいまち

でんと置かれていたが、カラスのごみ荒らしはそれと不釣り合いな光景だった。
気分を変えて、早めにライデンの国立民族学博物館に行くことにした。アフリカ・アメリカ・中国・世界中から興味深い収集品が陳列されていた。日本の紹介もあった。さすが海洋王国として世界を制覇したオランダだと思った。

15　ライデンの「シーボルトハウス」19世紀日本のタイムカプセル

「シーボルトが伝えたもの―19世紀の日本のタイムカプセル」
（「京都エッセイ友の会」同人誌「あお柿」第12号より）

あの鎖国時代の日本に蘭学・西洋医学を伝えたことでかすかに記憶に

シーボルトハウス

残っているオランダの医師シーボルトの居宅に、この夏訪問するなんて、まったく予期しないできごとだった。ラーベンブルフ通り19番、ライデンの運河に沿って日本博物館「シーボルトハウス」はあった。かつてシーボルトが住んでいた個人住宅なので、間口はオランダ風に狭く、重厚な扉を「よいしょ」とあけた。

ひんやりと静かな雰囲気がただよっていて右のドアを押し開けると受付があって、美しい女性がにこやかに迎えてくれた。「おみかけしたところ、65歳以上ですよね」と流暢な日本語で話され、オランダ語・英語・ドイツ語の3カ国のほかに日本語訳もある「19世紀日本のタイムカプセル」と題したリーフレットをくれた。「私が74歳、夫は76歳だ」というとびっくりしていた。大人は8ユーロのところ、年齢にふさわしくシニア料金の6・50ユーロでいいということらしい。日本でもオランダでも年齢は隠せなかったが、「シニア料金の制度はあっても外国人は適用しない」という国もあるので助かった。

女性は「ライデン大学の日本語学科を卒業して、一度日本に行ったことがある」と言い、「来年東京大学博士課程コースで学ぶために日本に行き

シーボルトハウスのスタッフと

ます。日本語がまだまだ上手でなくて恥ずかしい」と顔をあからめた。彼女の顔には、訪日への喜びがにじんで見えた。なんとも言えない身内のような親しみを感じてうれしくなった。また、その顔はオランダ絵画に描かれているほっそりとした女性とそっくりだった。オランダに来た実感がこみあげてきた。

　邸宅の玄関からまっすぐに廊下をつきぬけると小さな庭に出た。そこにシーボルトの胸像があった。シーボルトが日本の出島に到着してから195年、いわゆるシーボルト事件（注：江戸時代の1828年、シーボルトが「国禁」であった日本地図などの国外持ち出しを図ったことが発覚した事件）で国外追放となってオランダに戻った1830年から188年経っていた。はるばる船に乗ってオランダから江戸という鎖国日本に来たシーボルト。今や11時間ばかりの飛行機でオランダに来てしまっている私たち。時代と科学の進歩に依拠した不思議な縁に感謝しながらまずはご

シーボルトの像と共に

挨拶がわりにと記念写真を撮った。階段の急な屋敷を区切って展示がされていたのでまるでタイムカプセルに乗った気分でうすぐらい博物館を見て廻った。

シーボルトが持ち帰った日本の品々は、薄暗がりの中で、日本人の私たちを不思議そうに迎えた。シーボルトは、浮世絵・漆器・陶磁器・工芸品など化政文化の逸品を収集していたが、それだけではなかった。日常生活に特に興味をもっていた。ガラスごしに陳列されている当時の日本人が使用していた竹でつくった歯ブラシ、楊枝に驚いた。木の先をこまかく裂いて歯ブラシ状の細い刷毛にしていたのだ。「ほそい楊枝も便利だろ」とまるでシーボルト自身が説明しているような音声ガイドから、実に自慢げに話しかけてくる。日本人の私が見たことのない、日本人の器用さがそこにはあった。シーボルトは、わずか6年間、それも外国人としての不自由な制約のある滞在中も、医師としての知識の普及と手腕だけでなく、「可能な限り日本についての情報を集めよ」という当時のオランダ政府の特命を実行した。しかもそれが自身の好奇心・冒険心にそそられてであることが、彼の行動と陳列品をとおして迫ってきた。１８２６年、４年に一度の商館

ライデン大学の植物園には、シーボルトの持ち帰ったシュウメイギクが群生していた

長の江戸参府に籠に揺られて同行していたとは恐れ入った。日本人の絵師まで同行させて、興味深々。目にうつるものすべてを記録していた。

当時、植民地をあてに海洋大国として勢力を拡張していたオランダ王国である。スパイ説にはいろいろあるそうだが、財宝めあてに私利私欲にかられ、出世目当てで本国がぼろもうけできる算段ばかりした人物ではなかったことは確かのようだ。誠実な医学者・科学者・研究者シーボルトの姿が浮き彫りになってくる。

貧しい農民・庶民との交流も深く、治療代の代わりに受け取った動植物の収集と標本・植物の種など、たくさん持ち帰った。シーボルトが、オランダで栽培に成功した色あざやかな紫陽花はライデン大学植物園にもあった。ユトレヒトの美術館の庭に群生していたシュウメイギク（秋明菊）も、ライデン大学のシュウメイギクも、薄い赤紫色は、まぎれもない京都大原で見たあの「シュウメイギク」の色だった。江戸期の日本がここにはあった。

シーボルトは日本で家族を持ち、日本で最初の西洋医学の女医になったのが、娘おいねだったこともはじめて知った。「さすが、わしの娘じゃよの～」と自慢げにうれしげに音声は語る。日本を西洋に最初に紹介した人物が、「このような人物でよかった」とあらためて感動と尊敬の念を募らせた。オランダから未知の国ジパングに単身乗り込んだ若き冒険家、シーボルト。オランダを歩く時、その影響を目にすることが多々あった。

明治維新後150年。西洋に追いつき追い越せと急速に近代化をめざしてきた日本。

日本の文化と伝統をいとも簡単に捨て去って、西洋化と高度成長、覇権主義にまい進してきた日本。この先どうする！

シーボルトが、精魂こめて収集し、記録にとどめた「19世紀日本のタイムカプセル」は、今21世紀の世界に、新鮮な日本を発信しているようにも思えた。

（2018年8月記）

シーボルトハウスの隣に、ライデン大学の植物園があった。行ってみよう、4時半だ。閉館が6時までなのであわてて入館した。シーボルトが日本から持ち帰った多種類の植物が大切に育てられていた。日本庭園も造られていた。シーボルトには高い敬意がはらわれていることが察せられた。そして日本の学問・文化にも高い関心がよせられ、1855年に世界初といわれる「日本学科」が設置され今日に至っている。門を入った右側の建物の壁には、あの菅原道真の歌が書でしたためられていた。

「東風吹かば　匂ひおこせよ　梅の花
あるじなしとて　春を忘るな」

なぜか、シーボルトが詠んだ歌のように思えてならなかった。

ライデン大学植物園内にある
シーボルト記念の庭

ライデン大学植物園入口

16 憧れのゴッホ美術館はゴッホの生涯を世界に発信していた

——国立オランダ美術館のレンブラント「夜警」

いよいよオランダ紀行のハイライト、ゴッホ美術館見学の日が来た。着いた日に予約しておいた。6時半起床。部屋でパンとジュースで軽く朝食。電車に乗る。オランダカラーの青いトラムは幅が狭くてスイスイと路面を静かに走っていた。うっかりして2駅も乗り過ごしてしまった。ワンマンかと思いきや、真ん中の車両に、男性の車掌さんが陣取って座っているコーナーがあって、親切に教えてくれた。なんでも合理化というのでもなさそうだ。

予約の9時10分前にゴッホ美術館に着いた。同じ電車に乗っていた外国人の老夫婦が、先に並んでいた。「降りるところを間違えていました」と話しかけると、笑いながら、「私たちはオーストリアから来ました。オラ

大好きな花は、ひまわり

ンダは初めてです。イタリアで働いていたのですが、59歳で退職してまだ1週間しかたっていない。妻も看護婦で働いていたし、孫守りもあるのでやっと今日夫婦でゴッホ美術館に来られた」という。驚いた。遠い国の日本から来た私たちがめずらしいのは承知しているが、近くの外国人が初めてだとは。

ヨーロッパでも労働者の家庭は、地球的距離よりも、そもそも文化から遠い存在に置かれてしまっているのかもしれない。何やら考えさせられながら美術館の入場を待った。

ゴッホ美術館では、予想以上に明るく近代的ですばらしい快適な空間にゴッホの絵が惜しげもなく展示されていた。日本語訳の音声ガイドを借りた。12カ国語が用意されていた。あとから気がついたが、スマートホンから聞けるサービスもあった。ゴッホはとりわけ日本を尊敬し、浮世絵に魅せられていた日本になじみの深い画家である。

私も魂の響きを感じるような荒々しさの残るゴッホの絵が好きだ。京都で開かれる展覧会も欠かさず見てきた。ゴッホの絵にはどこか苦悩と悲哀がつきまとって色合いもどこか和風で親しみがわいてくる。生涯でたった

1枚しか売れなかったゴッホの絵が、今では世界中から愛され賞賛を得るようになっている。「ひまわり」の絵に会えてうれしかった。

弟テオの遺族が、ゴッホの作品が散逸しないように、一般公開できるように集めたというゴッホ美術館。行列はあとをたたないし、予約は必須だ。時代とともに賞賛される絵の評価もちがってくるが、富裕層とか身分の高い低いとかでなく、働く人々の台頭がゴッホファンに影響してはいないだろうか。ゴッホにとって、絵は精神の発露であり、虐たげられた人々への愛情である。

ヨーロッパにいながら、退職して1週間、やっと夫婦で見に来られたという共働き家庭のファン。リタイアしておよそ10年、ようやく念願かなって見に来ることができた日本の共働き夫婦の私たち。ゴッホが見たであろうオランダの空と広がる運河、流れる低い雲と風、この旅で少しだけなじみになったような気がした。

ゴッホ美術館のショップで、お土産に小さなトレイを買った。お気に入りのアーモンドの白い花がプリントされた軽いもの。ふと裏をみると、メッセージシールが貼られていた。英語で書かれていた。私流に訳してみると、

ゴッホ美術館から国立オランダ美術館にむかう公園の巨大な「空を飛ぶ」彫刻

「ファン・ゴッホ美術館は、持続可能な生産に取り組んでおり、そして、児童労働とあらゆる形態の差別に反対しています」となる。ゴッホ美術館が、社会に対する基本原則をはっきりもった志のある美術館であることに感動した。

実は、2016年以来、私の住む国際文化都市といわれる京都に、残念な事態が起こっていた。「観光で儲け」とインバウンド目当ての政治におぼれた京都市では、「京都市美術館」の再整備にあたって、お金がないからという理由で、「京セラ」という大企業に命名権（ネーミングライツ）を売却してしまったのだ。

市民の反対運動が粘り強く取り組まれてきて、私も鑑賞する側の一人として、公的な市民の美術館が大企業のお抱え施設になることに違和感を感じ反対運動に共鳴してきた。

4年余の熱い時間が経過し、「京都市京セラ美術館」という名の美術館が、このコロナ禍の2020年5月からおそるおそるのリニューアルオープンとなった。元の名前は街の案内からもガイドブックからも消去されてしまった。しかもむこう50年間の契約である。

オランダ最大の国立美術館正面

今、生まれた子どもは50年も公的美術館が消されることになってしまう。これはもう文化・芸術都市とは言えない。

私は、旅の目標にいつも、その地の美術館を楽しみにあげて訪問してきた。海外はなおのこと世界的に有名な名画に会えることは無類の憧れでもあった。公的美術館のあり様は、言うまでもなくその地の住民の志である。

ゴッホ美術館はその名のとおりゴッホの全生涯と詳細な作品の数々を世界に公開し、なお社会活動にもゴッホの遺志を貫く姿勢を示していた。国と市も出資、ゴッホの遺族の意向にそって財団が運営。ゴッホ美術館の凛とした志にふれて、より一層深いゴッホファンになったことは言うまでもない。

なお、ゴッホ美術館は、コレクションを相続した甥のフィンセントの希望によって、オランダ政府とアムステルダム市などが出資して1962年に設立されたファン・ゴッホ財団がコレクションを国に永久寄託する形で、「国立美術館自立法」に基づいて運営されているため、国立美術館と称されている。

国立オランダ国立美術館入口への通路で演奏する路上ライブの面々

「ゴッホ美術館」の明るいレストランでバイキングのランチを食べて、広い公園の中を「オランダ国立美術館」にむかった。予約まで1時間半近くあった。大雨の洗礼を受けながら待った。ポンチョが役に立った。国立美術館は、１８８５年に開館したオランダ最大の美術館。ガイドブックには「純粋にミュージアムのみの目的で建てられたヨーロッパ最初の建物だ」とあった。巨大な建物も美しく、通路で路上ライブもあって混雑していた。

中でもレンブラントの「夜警」は圧巻。ガラスのケースもなく自由に見られて驚いた。

17世紀からのオランダ絵画の粋を集めたフロアもあった。さすがに見ごたえがあった。満喫した。イヤホンのサービスには日本語はなし。ＷｉＦｉでなら聞けるシステムだった。

美術館で堪能したあとの街の散策では、女性を見る目がちがってきた。中世のあの絵の女性と似ている人が、そこここにいることに気がついた。やはりここはオランダだった。

マウリッツハイス美術館

ビネンホフ（国会議事堂、騎士の館など由緒ある建物が集まる広場）

17　マウリッツハイス美術館のフェルメール、ハーグ国際司法裁判所と世界平和の小石の道
——日本のおみくじ？発見！

　オランダでどうしても見たいところがもう二つあった。ハーグの国際司法裁判所（平和宮）とフェルメールだ。ハーグ駅から歩いてすぐのところに、有名なフェルメールの「真珠の耳飾りの少女」が展示されている「マウリッツハイス美術館」があった。

　国会議事堂もある広場（ビエンホフ）の一角、オランダで最も美しいといわれるルネッサンス風建物のひとつで、思ったよりこじんまりとしていた。日本人観光客20人ほどの一団が興奮気味で足早に入って行った。やはり人気があった。17世紀オランダの珠玉の作品がお目当て。特にレンブラントとフェルメール、ルーベンスなどの作品が有名だった。日本語の貸し出しイヤホンはなかったが、ラッキーなことに、スマートホンで日本語の

平和宮（ハーグ国際司法裁判所）

説明が聞けた。便利になったものだ。

日本で人気のフェルメール。「真珠の耳飾りの少女」他に出会った。光と影のドキッとするような動きが迫ってきた。

教科書でおなじみのルーベンス、レンブラントの絵も、宗教画とちがったリアリティに圧倒された。オランダにはこうした美術作品がいたるところにあって、世界に開かれていた。

午後、ハーグ国際裁判所に急ごうと、ピックアップ方式のショップに入った。自分用にピックアップしたバーガーと飲み物をレジで支払おうとしたところ、その店は、オランダのクレジットカードしか使えないという。やれやれどうしよう？「現金はあるが、このカードしか持っていない」と説明した。結局、ピックアップした品物を、全部返品して、そのまま見逃してくれた。こういうこともあるのかと冷やっとした。

オランダは臨機応変、観光客にやさしかった。

早々にその場を立ち去って、足早に平和宮に向かった。ハーグ国際司法裁判所はさすがに厳重で、ガイドツアーのみで、空港のようなパスポートチェックなどが必要だった。

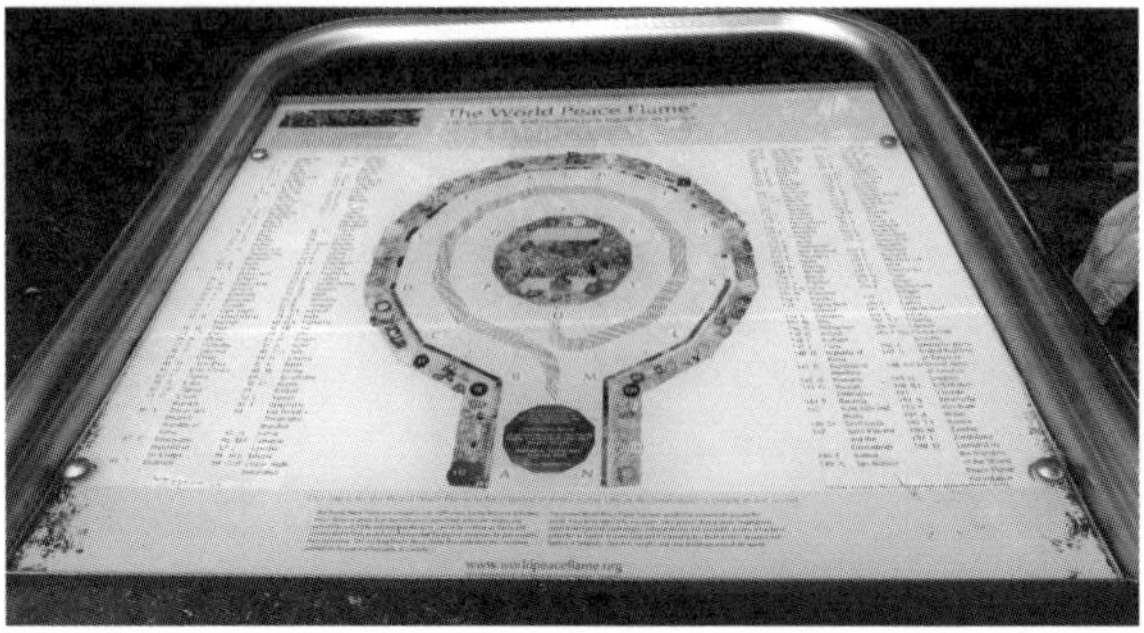

「世界の平和の道」の案内

仕方なくロビーの展示をみて、周囲から厳かな建物を見た。周りには、2004年4月27日にオープンされた記念碑、「世界の平和の道」があった。平和の炎が燃える小さな塔を囲むように、世界各国が持ち寄った小石が埋められていた。日本からの石もあった。

「まず、あなたの祈りを　周りを歩いてあらわしてください」と英語で書かれていた。そろっと歩いた。「核兵器廃絶、世界中から戦争がなくなりますように」祈りを込めて。

さらに、驚いたのは、名前も知らない小ぶりの木の枝に、日本のおみくじのように、願いごとを書いた白い紙がたくさんぶらさげられていた。結び方がちがったがあまりにも「おみくじ」に似ていた。「おみくじが世界バージョンになってるんやわ」と目が点になった。

その木の前で出会ったロシアから来たという少女が、「日本のお習字が好きで、練習している」というのにまた、おどろいた。「金沢翔子さんって知ってますか」と話すと、すぐにグーグルで検索して「すばらしい女性、すばらしい書ですね。勉強します」と応じた。世界は瞬時にグローバルにつながっていると驚いた。若い人がここに集い、平和を祈る。ハーグに来

おみくじの木の下でロシア人女性と（後ろはハーグ平和宮）

てみて、オランダは、世界の平和と連帯の礎たらんとして努力をしているように思えた。

「戦争をしない法を」のポスター

日本はどうか。

私も、ひとりの日本人として、1947年5月3日施行された「日本国憲法」の定める「戦争の放棄・戦力不保持・国の交戦権は認めない。正義と秩序を基調とする国際平和を誠実に希求」し、「日本が国際社会において名誉ある地位を占められるように」願わずにはおられなかった。

18　第2次世界大戦のモニュメントに別れを告げ、虹をのせて帰国の途に

アッという間に帰国の日を迎えた。

朝のアムステルダムの光景を見に行こうと出かけた。アムステルダム駅

ダム広場の第二次世界大戦戦没者慰霊碑

から徒歩10分、8時45分頃にアムステルダムの発祥地・ダム広場に着いた。第2次世界大戦の戦没者慰霊塔が建っていた。オランダは、ドイツと国境をもつ九州ほどの小さな国。中立を宣言していたが、1940年、ナチスドイツが侵攻、この前の広場をドイツ軍が「ハイル・ヒトラー」と行進したのだ。ザクザクと軍靴の音が地下から聞こえてくるようだった。地続きの恐怖を感じた。今は、清掃車が広場を熱心に噴射式の水で洗っていた。箒で掃く清掃人もいた。ライデンで見たようなカラスのゴミ荒らしの風景はなかった。平和だった。

朝のお店はどうだろう? 脇道を入っていくと甘い甘いキャラメルの好きなオランダ風のクッキーがたくさん並んでいた。ホテルのモーニングを最後に、ガラガラと重い鞄を転がして駅にむかった。

スキポール空港に着く。搭乗手続きは簡素化されて、出国手続きもパスポートチェックも画面で顔を見るだけでOK。荷物は、自動化と合理化が進んでいた。機械の指示のとおり、荷物も自分で計って入れなさい。コンベアの流れにあわせて、大きな旅行鞄を〝よいしょ〟とかつぎあげてボックスの中に入れる。「ぐずぐずしないでー」とせかされる。世話をするス

帰国の途に

タッフはトラブった時のために、数人だけ立っている。もちろん無理な客は「カウンターでどうぞ」とはなっているが、そこも行列だ。すべて自己責任か！

新自由主義で、極端に合理化されて、時間と仕事のスリム化が図られているようで心配になった。旅はゆっくりと安全に楽しみたいもの。機械化で人間が疎外されるようでは旅の楽しみも台無し。明日の日本が、どうかそうはなりませんようにと願うばかり。

オランダブルーの飛行機ＫＬＭに乗り込んでわずか10時間40分。

8月7日から15日までの、駆け足のオランダ10日間の旅は、虹をのせて無事関空に帰ってきた。

あとがきにかえて

オランダの旅から丸2年が経ち、8月が過ぎて秋風が吹きはじめてもなお、新型コロナウイルス感染者は世界でも、日本でも増え続けている。あの自由な往来よ、いつの日か。あの日のオランダとコロナ禍の今に思いを馳せながら、ようやくまとめることができた。本書『虹色の未来みつめて』が、オランダに行ったことがある方々、また、興味をお持ちの方々のささやかなお役にたてれば幸いである。

オランダでは、日本では経験できなかったことがあった。いろんな国の人に出会った。沢山の移民を受けいれている多民族国家オランダは、九州ぐらいの大きさの国で、人口は約1700万人。オランダのようにヨーロッパの交流スポットのような国では、あの人は何ジン?と言い当てるのは難しくまた、人々は日々のくらしの中で、全く気にもとめていない様子だった。私たちもしばらくすると慣れてきて、どこの国の人?など気にしなくなった。

子どもたちは、早くから多文化な環境で、多様な社会を共に生き抜くことを学びながらたくましく柔軟に自立し成長する。性の多様性についても認め合い、生きる。

孫たちの未来を思った。

オランダでは、1993年には、性的指向と性的同一性にもとづく差別も禁止され、2000年には同性婚が認められていた。ジェンダー平等が進んでいて、性的マイノリティが生きやすい国だという思いがあった。観光地なのに改札内のトイレまで有料で、とても不便で困った時、清掃スタッフが「男女以外に誰でも使えるトイレはここです」と教えてくれたことが1回だけあった。虹色の旗は街にはみられなかった。示威行動の必要もないからだろうと推測した。

わずか10日間の個人的な急ぎ旅ではあっても、オランダの人々の自然とのたたかい、人類未踏の困難を乗り越えてきた国づくりの歴史と素顔に学んだことは大きかった。

ただ、本書をまとめながら、今回の旅は、かの地における「ジェンダー平等と行き詰った資本主義(新自由主義)のあからさまな矛盾を目の当たりにした旅」のように思えてならなかった。たくさんの目立つカジノ看板・売春合法の街の現実が、傷みを伴う負の旅の記憶となったことは否めない。

私は、その負の傷みからも学ぶだろう。

新型コロナの一日も早い収束を願い、ポストコロナの未来にオランダと日本の未来を重ねながら、一歩一歩、「虹色の未来」を探すロマンあふれる旅を続けたいと思う。

「虹色の未来社会」は、人類未踏の挑戦。
「発達した資本主義の豊かな生産力を、生産手段の社会化を土台に、誰もが豊かにくらせるしくみにルール化すること、人間の豊かで多様な個性と人権が花ひらく、社会主義的魅力のあふれる未来」になることを念じつつ。

なお、急な出版にあたって、力になっていただいた緒方靖夫元参議院議員、「京都エッセイ友の会」編集責任者の中村誠一氏、かもがわ出版社長の竹村正治氏、ウインかもがわの斉藤治氏、スタッフのみなさん、関係者、友人のみなさんに紙面をお借りして感謝申し上げたい。また、オランダに不案内な私のために、ミッフィーミュージアム及びファン・ゴッホ美術館と、写真の許諾について、何度もメールしてご尽力いただいた友人の田邉麻由香さんに心から感謝申し上げます。多忙な時間をさいて、「写真の提供、編集、校閲」などに協力してくれた夫の勝夫、次女奈美、旅行と出版のあと押しをしてくれた家族にも感謝したい。

２０２０年　秋　　西山とき子

西山とき子（にしやまときこ）プロフィール

1943年 和歌山県に生まれる。
1966年 京都大学文学部哲学科（心理学）卒
1966年 京都市民生局児童相談所に心理判定員として・同青葉寮にセラピストとして勤務。
1974年 日本共産党京都府委員会に勤務。
1981年4月から1982年3月までスイス・チューリッヒに家族5人で滞在。
1992年から2004年 まで2期12年、日本共産党参議院議員（京都選挙区選出）。
1987年から2010年1月まで 日本共産党中央委員。
2010年以降も日本共産党京都府委員会の活動に参加。

著書
『家族色のスイス』（1987年）
『明日色の長生きライフ―21世紀の生きがい革命』（1998年）
『家族色の未来』（2004年）
『エキサイティングキューバ―音楽と革命・世界遺産への旅』（2014年）
いずれも、かもがわ出版刊
ほかに『指さす彼方に―革命とエルミタージュの地・サンクトペテルブルグ紀行』（2011年、新日本プロセス）

虹色の未来みつめて
ジェンダー平等、ゴッホとアンネとミッフィーの国　素顔のオランダ

2020年10月20日　初版　第1刷発行

著　者　西山とき子

発行者　竹村　正治

発行所　株式会社かもがわ出版
〒602-8119　京都市上京区出水通堀川西入亀屋町321
☎ 075（432）2868　FAX075（432）2869
振替 010010-5-12436

制　作　株式会社ウインかもがわ
〒602-8119　京都市上京区出水通堀川西入亀屋町321
☎ 075（432）3455　FAX075（432）2869

印　刷　新日本プロセス株式会社

ISBN978-4-7803-1116-7　C0036
ⓒ Nishiyama Tokiko　2020 Printed in Japan.